MOZART

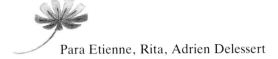

Para Etienne, Rita, Adrien Delessert

© 1988, ÉDITIONS LA JOIE DE LIRE, GENÈVE.
PUBLICADO POR EDITORIAL LUMEN, S.A.,
RAMÓN MIGUEL Y PLANAS, 10 - 08034 BARCELONA.
RESERVADOS LOS DERECHOS DE EDICIÓN
EN LENGUA CASTELLANA PARA TODO EL MUNDO.
PRIMERA EDICIÓN: 1990
IMPRESO EN LA EDITORIALE LIBRARIA, TRIESTE, ITALIA
ISBN: 84-264-3633-1
PRINTED IN ITALY

M O Z A R T

ILUSTRADO POR GEORGES LEMOINE

CONTADO POR CHRISTOPHE GALLAZ

EDITORIAL LUMEN

Me llamo Wolfgang Amadeus Mozart. Estamos en el mes de septiembre de 1791, en Viena. Pienso en mi vida. Ha sido una sucesión de instantes luminosos y angustiados, de viajes y de encuentros. No soy un filósofo, ni siquiera soy un sabio. Escribo cartas superficiales a mi familia, quiero a poca gente y, a veces, escondo mi desconcierto tras comportamientos vulgares.

Algunas cosas me aterrorizan.

Aquí, en esta cabaña de tablas de madera, junto al teatro que dirige mi amigo Emmanuel Schikaneder, en este final del verano cuya luz es dorada, estoy acabando de componer *La flauta mágica*. Describo, en esta ópera, el combate del Bien contra el Mal, a través de los amores de dos muchachos, Tamino y Pamina, a quienes la Reina de la Noche utiliza para tratar de aniquilar a Sarastro, genio de la Sabiduría. Encontraréis el decorado, los personajes y los símbolos de esta historia en la doble página que sigue.

Medito. ¿Qué es la muerte? ¿Cuál es el sentido de la vida? ¿Para qué sirven nuestros amores, nuestros éxitos y el olvido que los desvanece? No hay respuesta. Me veo como era de niño. Tocaba el violín… Ha pasado el tiempo. Soy inepto y formidable, mi desconsuelo es suntuoso y la música constituye mi reino.

Ahora venid conmigo. Me sumerjo en el siglo XIII. Los masones, esos constructores de catedrales que tocan con sus manos la piedra y el cielo, forman un gremio libre y poderoso. A su alrededor no tardan en congregarse hombres que, en asambleas secretas inspiradas en los ritos religiosos de Egipto y de Oriente, deciden construir un mundo mejor, más justo y más próspero. Después el movimiento se extiende. En Inglaterra, los francmasones acogen, a partir del siglo XV, sacerdotes, nobles y burgueses. Se afianzan múltiples corrientes espirituales. Hoy, a finales del siglo XVIII, Europa se agita, los espíritus batallan y los pueblos se desgarran unos a otros. ¡Libertad, igualdad, fraternidad! Brotan los discursos, y en ocasiones también brota la sangre. Yo compongo mi obra inmerso en ese mundo. Intuyo en mí, en el espejo de mi arte, la esperanza de un mundo donde el amor haya triunfado.

¡Gloria a vosotros, iniciados! Habéis vencido a la noche.
¡Gracias a ti, Isis! ¡Gracias a ti, Osiris!
Ha triunfado la fuerza y ha coronado
a la belleza y a la sabiduría para la eternidad.
La flauta mágica

WALTER 1780

¡Solos, dúos, tríos, cuartetos, quintetos, sonatas de iglesia, cantatas, oratorios, misas, marchas, danzas, serenatas, divertimentos, conciertos, sinfonías, óperas! Hay que explorar todas las formas. He compuesto más de seiscientas piezas para todas las voces humanas y para todos los instrumentos de mi época. Sé que me comprenderán y luego me despreciarán, que me admirarán y luego me detestarán sin comprenderme. Los hombres se aproximan los unos a los otros, después se alejan y se desvanecen y regresan...

¿Inútil autor de melodías ligeras? Eso dirán cien años después de mi muerte. ¿Genio supremo de la armonía? Eso dirán cincuenta años más tarde, para mejor criticar a los compositores del momento. Las cosas adquieren su figura muy despacio, gracias a pacientísimos trabajos. Fijaos en Ludwig von Köchel. Inclinado sobre mi hombro como si yo estuviera todavía sentado a mi piano, prepara el catálogo que hará publicar en 1862, donde cada una de mis obras llevará un número precedido de una K (la inicial de su apellido). Me gusta ese vienés obstinado. Os cuenta, como un hermano metódico y modesto, el único sentido de mi existencia: ¡la música!

Mi infancia fue un largo viaje a través de Europa. Mi padre advirtió muy pronto mi pasión por la música y decidió, para que el mundo me aplaudiera y se abriera ante mí, llevarme a largas giras. Tenía yo siete años cuando dejamos Salzburgo por Viena y Mannheim, y después por Frankfurt, Bruselas, París, Londres, La Haya, Amsterdam, Lyon, Ginebra y el norte de Italia. ¡Cuántas capitales, y cuántos conciertos en presencia de las cortes y en palacios principescos! ¡Incluso toqué para el papa Clemente XIV!

A los quince años, yo había recorrido cuatro mil kilómetros y había compuesto más de veinte sinfonías, dos óperas, cinco misas y varias piezas para clavicordio y violín. Los músicos Johann Schobert en París y Johann Christian Bach en Londres me habían inspirado a mi paso por estas ciudades, al igual que el padre Martini, que me había hecho trabajar en Bolonia, y yo había extraído de las antiguas melodías de Austria y de Italia algunos elementos de mi estilo. Período tumultuoso, que hizo de mi padre la doble figura que todavía hoy me obsesiona, el recuerdo paralizante y generoso, la sombra y la luz estallando a la par, ¡mis propias contradicciones!

La muerte del viejo arzobispo de Salzburgo nos hizo volver de Italia en diciembre de 1771. Fecha siniestra. Su sucesor, el conde Girolamo Colloredo, era un hombre autoritario. Se opuso a los largos viajes que eran ya para nosotros una costumbre, nos recordaba constantemente nuestros deberes para con la corte que nos mantenía, y sólo me encargó obras de música religiosa. Sin embargo, yo me ausentaba cada vez con mayor frecuencia. En el verano de 1781, me hallaba en la corte de Viena, en el meollo de una vida musical intensa, cuando Colloredo reclamó violentamente mi presencia en Salzburgo. Le pedí un plazo de tiempo, que me negó, y le hice llegar mi dimisión, que aceptó. Era el 9 de julio de 1781.

Estoy ahora libre y solo, independiente y sometido a los golpes del azar. La vida se despliega ante mí llena de peligros. Nunca me he sentido tan embargado de angustia y de sensibilidad. Me quedo en Viena, y escribo allí los *Conciertos para piano y orquesta* y *El rapto del serrallo*. La belleza brota de mi pluma. Es inexplicable.

¡Oh, París, capital cruel y resplandeciente, que no cesa de llamarme…! Dejo Salzburgo la mañana del 23 de septiembre de 1777, para volver a ella una segunda vez, pasando por las principales ciudades musicales de Alemania. Voy solo con mi madre. Cuando llegamos a la capital el 23 de marzo de 1778, la acogida es tibia. Ya no soy aquel niño que, en otro tiempo, exhibían en los salones como un monstruoso prodigio, y sólo consigo unos pocos encargos de música instrumental. Incluso tocar en privado se hace difícil: en el apartamento que alquilamos a un chatarrero alemán no hay lugar suficiente para instalar un instrumento de teclado.

Hace frío. Mi madre, con el corazón puesto en Salzburgo, cae enferma. Está tres semanas en cama y muere el 3 de julio. Yo abandono París el 26 de septiembre para dirigirme a Salzburgo, y llego allí a finales de invierno. Nieva.

La desdicha me ha ganado la partida.

¡Tantos viajes! Antes de abandonar París yo había comprado una guía de viajes en la rue Saint-Jacques, en la Enseña del Globo. Las etapas y las horas transcurren con lentitud. Dejar la capital a las seis de la mañana, detenerse en Ville-Parisis al mediodía, reanudar el camino a las tres para llegar a las siete a Meaux, y dormir allí antes de partir a las seis de la mañana para detenerse en La Ferté-sous-Jouarre al mediodía. ¡Doce días de diligencia para llegar a Salzburgo! A este ritmo he recorrido los caminos de Europa.

Pero hay otras geografías interiores. La música es mi mundo verdadero, y la música de los otros compositores es su tesoro más preciado. En 1782, descubro a dos grandes músicos. Johann Sebastian Bach, muerto treinta y dos años antes y tan poco conocido que tuve que conseguir algunas de sus partituras en la corte de Prusia. Y Joseph Haydn, veinticuatro años mayor que yo, que se convirtió en mi amigo. Todo separa sus estilos. Bach me transporta al pasado con su estilo claro y sus rigurosas construcciones, mientras que Haydn me impulsa hacia un futuro lleno de ligereza melódica. Un viaje más, ya lo veis, prodigiosamente fértil, pero también tan agotador como los del pasado, cuando el canto de los campesinos me arrastraba hacia horizontes interminables.

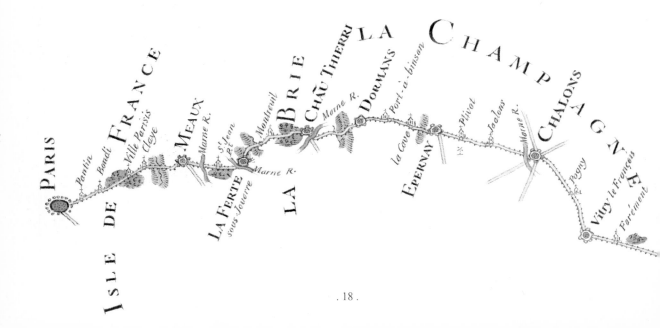

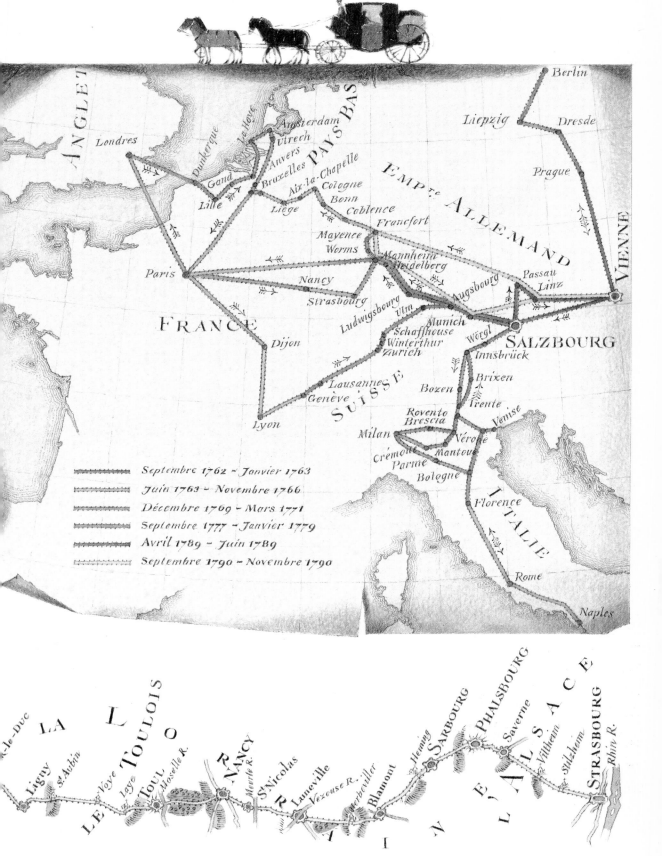

ANGLET

Londres

Dunkerque
La Haye
Amsterdam
Utrech
Anvers
Gand
Bruxelles
Lille
Aix-la-Chapelle
Cologne
Liège
Bonn
Coblence
Francfort

PAYS BAS

EMP^re ALLEMAND

Berlin
Liepzig
Dresde
Prague

VIENNE

Paris
Mayence
Worms
Mannheim
Heidelberg
Nancy
Strasbourg
Ludwigsbourg
Ulm
Schaffhouse
Winterthur
Zurich
Munich
Augsbourg
Passau
Linz

SALZBOURG

Wörgl
Innsbrück

FRANCE

Dijon

Lausanne
Genève
SUISSE

Lyon

Bozen
Brixen
Trente
Vénise
Rovento
Brescia
Milan
Vérone
Mantoue
Crémone
Parme
Bologne

ITALIE

Florence

Rome

Naples

	Septembre 1762 – Janvier 1763
	Juin 1763 – Novembre 1766
	Décembre 1769 – Mars 1771
	Septembre 1777 – Janvier 1779
	Avril 1789 – Juin 1789
	Septembre 1790 – Novembre 1790

LA
LORRAINE
TOULOIS
L'ALSACE

R-le-Duc
Ligny
St-Aubin
LE
Noye
Toul
Moselle R.
NANCY
Meurthe R.
St-Nicolas
Luneville
Vezouse R.
Blamont
Heming
SARBOURG
PHALSBOURG
Saverne
Villhein
Silzheim
STRASBOURG
Rhin R.

. 19 .

Yo habría pasado la vida entera dedicado a descubrir el arte de los demás, para construir con él el mío. Escuché siempre las músicas más diversas, en el curso de mis viajes, y descifré todas las partituras imaginables, incluso las más populares, incluso aquellas que merecen el desprecio de los pedantes. ¿Han servido todos estos años para apaciguar mi espíritu? Hay algo en mí que huye y se me escapa. Soy a la vez solitario y sociable, triste y alegre, grave y superficial. ¡Qué combates internos me desgarran!

Cuando se estrena *El rapto del serrallo* en Viena, el 16 de julio de 1782, la ciudad se divide. Unos me aplauden, y otros se congregan alrededor de Antonio Salieri, el compositor italiano que es maestro de capilla en la corte y que pronto será director de la Opera. Quiere ganarse todavía más los favores del emperador José II. ¡Qué intrigas! ¡Qué bajezas! Me hieren y, a la vez, me son indiferentes. La verdadera vida está en otra parte.

He aquí a Constance. Se asoma a la ventana de nuestro apartamento de la Schulerstrasse, en Viena. Nos hemos casado en el mes de agosto de 1782, contra los deseos de mi padre, que la encuentra indigna de mí. ¿Seré acaso un dios? Tengo necesidad de amar. Esto me tranquiliza. Al principio vivimos los dos con cierto bienestar, e invitamos a muchos amigos que vienen a jugar, beber y comer con nosotros.

Pero el 7 de junio de 1783, a las seis y media de la mañana, Constance da a luz al pequeño Raymond-Leopold, que muere unas semanas después. Pasan los años. La tristeza, y más tarde la amargura, se instalan entre nosotros; la envidia nos desgarra, y yo caigo enfermo. Cuando sucedo a Christoph Willibald Gluck como músico de cámara y compositor de la corte, en 1787, sólo consigo la mitad de sus ingresos. La suerte nos ha vuelto la espalda.

Mi mujer volverá a casarse, dieciséis años después de mi muerte, en 1809, con el consejero de la delegación danesa Nicolas von Nissen, al que mi obra había conmovido. «¡Es un genio!», exclamaba. Y el matrimonio pasará diecisiete años trabajando en mi biografía, que Constance, viuda por segunda vez, publicará en 1828. Ella entraba de mi mano en la posteridad.

Me gusta ser arrastrado por el movimiento de las épocas y de las lenguas. Sólo en él me siento vivo. La ópera, este maridaje único entre las artes de la palabra, de la música y de la imagen, tiene sólo doscientos años cuando yo nazco. Fue el 6 de octubre de 1600 cuando se dio por primera vez en el mundo, en el Palacio Pitti de Florencia, la representación de una *Eurídice* compuesta por Jacopo Peri. Es el comienzo de un desarrollo inaudito. En el palacio ducal de Mantua, el 24 de febrero de 1607, Claudio Monteverdi pone música a la leyenda de *Orfeo*. Después, a partir de 1620, se representan óperas en Roma, en Venecia, en Nápoles y en toda Europa.

Pero el género se estanca y con mucha frecuencia prefiere la acrobacia vocal, que permite el lucimiento de los cantantes, a la emoción del corazón. Entonces Christoph Willibald Gluck, mi predecesor en la corte de Viena, propone unas piezas más simples, que puedan reflejar las pasiones del alma. Me gusta esta idea. Sobre textos redactados a menudo por mis amigos Lorenzo da Ponte y Emmanuel Schikaneder, construyo arquitecturas musicales donde me expreso libremente. ¡Melodías más tersas! ¡Encadenamientos más fluidos!

Tras haber escrito *Mitrídates* en 1770 y *Lucio Silla* en 1772, compongo en diez años *El rapto del serrallo*, *Las bodas de Fígaro*, *Don Giovanni*, *Così fan tutte*, *La clemencia de Tito* y *La flauta mágica*. Estoy en ellas por entero, ¡con mis alegrías y tristezas!

A mediados del año 1791, emprendo la composición de un *Requiem* por encargo de un desconocido. ¡Una misa fúnebre! Me agota. Mi energía se funde en el papel.

Asisto a las primeras representaciones de *La flauta mágica* en presencia de un público entusiasta, pero también este éxito parece agotarme.

Después la miseria y la angustia se apoderan de mí hasta tal punto que ya apenas las siento. Escribo algunas cartas a mis amigos pidiéndoles ayuda, pero ya no espero nada de nadie. Arrastrado lejos del mundo por mi propio lenguaje musical, escapo así a los lamentos y a las confidencias demasiado pesadas, apenas habitado ya por la angustia, hechizado por algunos recuerdos, sufriendo algunas veces, ¡pero sintiéndome ligero al mismo tiempo!

Tengo la sonrisa de los muertos. Me entierran en el cementerio de Saint-Marx. La ciudad me ignora. Es el 6 de diciembre.

Os estoy mirando. ¿Escucháis mis obras en los conciertos, en disco, en la ópera, por las calles? Viví como pude. Fue difícil. Mi obra es ligera y compleja al mismo tiempo, como lo son vuestros días y como lo será vuestra existencia. A través de los siglos, son muchos los artistas que me han saludado como a un genio. No sé si tienen razón. Y me da lo mismo.

No quiero que mis armonías os hagan olvidar quiénes sois, ni lo que hacéis, ni el tiempo en que vivís. No tenemos que distraernos. Es preciso estar muy atentos. Mi música os escucha. Yo os amo.

Mozart

ANNA-MARIA   LEOPOLD   WOLFGANG   NANNERL   CONSTANCE

Wolfgang Amadeus Mozart nació en Salzburgo el 27 de enero de
1756. Sus padres, Leopold y Anna-Maria, tuvieron siete hijos de los
que sólo vivieron él y «Nannerl», su hermana mayor.
En 1782, Wolfgang Amadeus se casa en Viena con Constance
Weber, nacida en Munich en 1763 y muerta en Viena en 1842.
De su unión nacen seis hijos, de los que sólo sobrevivieron dos:
Karl-Thomas, 1784-1858, y Franz-Xaver, 1791-1844.
Con ellos se extingue la descendencia del gran compositor. En 1791,
Mozart cae enfermo. Muere el 5 de diciembre. Tiene treinta y cinco
años.

ALGUNAS OBRAS

Cinco minuetos para clave, K. 1 a 5
Sonatas para clave con acompañamiento de violín, K. 6 y 7
Doce variaciones para piano en do mayor, K. 265 «Ah, vous dirai-je
maman»
Doce variaciones para piano en mi bemol mayor, K. 353 «La belle
Françoise»
Sonata para piano N.º 11, en la mayor, K. 331
Sonatas para piano y violín, K. 55 a 59
Concierto para piano N.º 20, en re menor, K. 466
Concierto para piano N.º 21, en do mayor, K. 467
Concierto para fagot y orquesta en mi bemol mayor, K. 191
Concierto para clarinete y orquesta en la mayor, K. 622
Serenata para 13 instrumentos de viento, N.º 10, en si bemol mayor,
K. 361
Divertimento en re mayor, K. 251
Sinfonía, N.º 33, en si bemol mayor, K. 319
Sinfonía, N.º 36, en do mayor, K. 425, llamada «de Linz»
Gran Misa en do menor, K. 427
Lied masónico en fa mayor, K. 623a, «Enlaçons nos mains»
«El rapto en el serrallo», K. 384
«La flauta mágica», K. 620

Dirijo aquí mi más sincero agradecimiento a los amigos que me han
ayudado, en particular a:
Annick Campin, Michèle y Jean Claverie, Basile Crichton y a
Éditions Alphonse Leduc, Jean-Marie Curti, Florence Dollfus,
Maurice Garnier, Catherine Lootvoet, Annie y Joachim Nettelbeck,
Christine y Jean-Marie Perre, Françoise Robin, Eric Turmel.

G. L.